Die Erziehung des Menschengeschlechts

Gotthold Ephraim Lessing

Alpha Editions

This edition published in 2022

ISBN : 9789356709294

Design and Setting By
Alpha Editions
www.alphaedis.com
Email - info@alphaedis.com

Die Erziehung des Menschengeschlechts

By Gotthold Ephraim Lessing

Haec omnia inde esse quibusdam vera, unde in quibusdam falsa sunt. Augustinus.

Herausgegeben von Gotthold Ephraim Lessing
Berlin, 1780

Vorbericht des Herausgebers.

Ich habe die erste Hälfte dieses Aufsatzes in meinen Beyträgen bekannt gemacht. Itzt bin ich im Stande, das Uebrige nachfolgen zu lassen.

Der Verfasser hat sich darum auf einen Hügel gestellt, von welchem er etwas mehr, als den vorgeschriebenen Weg seines heutigen Tages zu übersehen glaubt.

Aber er ruft keinen eilfertigen Wanderer, der nur das Nachtlager bald zu erreichen wünscht, von seinem Pfade. Er verlangt nicht, daß die Aussicht, die ihn entzücket, auch jedes andere Auge entzücken müsse.

Und so, dächte ich, könnte man ihn ja wohl stehen und staunen lassen, wo er steht und staunt!

Wenn er aus der unermeßlichen Ferne, die ein sanftes Abendroth seinem Blicke weder ganz verhüllt noch ganz entdeckt, nun gar einen Fingerzeig mitbrachte, um den ich oft verlegen gewesen!

Ich meyne diesen.—Warum wollen wir in allen positiven Religionen nicht lieber weiter nichts, als den Gang erblicken, nach welchem sich der menschliche Verstand jedes Orts einzig und allein entwickeln können, und noch ferner entwickeln soll; als über eine derselben entweder lächeln, oder zürnen? Diesen unsern Hohn, diesen unsern Unwillen, verdiente in der besten Welt nichts: und nur die Religionen sollten ihn verdienen? Gott hätte seine Hand bey allem im Spiele: nur bey unsern Irrthümern nicht?

§. 1.

Was die Erziehung bey dem einzeln Menschen ist, ist die Offenbarung bey dem ganzen Menschengeschlechte.

§. 2.

Erziehung ist Offenbarung, die dem einzeln Menschen geschieht: und Offenbarung ist Erziehung, die dem Menschengeschlechte geschehen ist, und noch geschieht.

§. 3.

Ob die Erziehung aus diesem Gesichtspunkte zu betrachten, in der Pädagogik Nutzen haben kann, will ich hier nicht untersuchen. Aber in der Theologie kann es gewiß sehr großen Nutzen haben, und viele Schwierigkeiten heben, wenn man sich die Offenbarung als eine Erziehung des Menschengeschlechts vorstellet.

§. 4.

Erziehung giebt dem Menschen nichts, was er nicht auch aus sich selbst haben könnte: sie giebt ihm das, was er aus sich selber haben könnte, nur geschwinder und leichter. Also giebt auch die Offenbarung dem Menschengeschlechte nichts, worauf die menschliche Vernunft, sich selbst überlassen, nicht auch kommen würde: sondern sie gab und giebt ihm die wichtigsten dieser Dinge nur früher.

§ 5.

Und so wie es der Erziehung nicht gleichgültig ist, in welcher Ordnung sie die Kräfte des Menschen entwickelt; wie sie dem Menschen nicht alles auf einmal beibringen kann: eben so hat auch Gott bey seiner Offenbarung eine gewisse Ordnung, ein gewisses Maaß halten müssen.

§. 6.

Wenn auch der erste Mensch mit einem Begriffe von einem Einigen Gotte sofort ausgestattet wurde: so konnte doch dieser mitgetheilte, und nicht erworbene Begriff, unmöglich lange in seiner Lauterkeit bestehen. Sobald ihn die sich selbst überlassene menschliche Vernunft zu bearbeiten anfing, zerlegte sie den Einzigen Unermeßlichen in mehrere Ermeßlichere, und gab jedem dieser Theile ein Merkzeichen.

§. 7.

So entstand natürlicher Weise Vielgötterey und Abgötterey. Und wer weiß, wie viele Millionen Jahre sich die menschliche Vernunft noch in diesen Irrwegen würde herumgetrieben haben; ohngeachtet überall und zu allen Zeiten einzelne Menschen erkannten, daß es Irrwege waren: wenn es Gott nicht gefallen hätte, ihr durch einen neuen Stoß eine bessere Richtung zu geben.

§. 8.

Da er aber einem jeden einzeln Menschen sich nicht mehr offenbaren konnte, noch wollte: so wählte er sich ein einzelnes Volk zu seiner besondern Erziehung; und eben das ungeschliffenste, das verwildertste, um mit ihm ganz von vorne anfangen zu können.

§. 9.

Dieß war das Israelitische Volk, von welchem man gar nicht einmal weiß, was es für einen Gottesdienst in Aegypten hatte. Denn an dem Gottesdienste der Aegyptier durften so verachtete Sklaven nicht Theil nehmen: und der Gott seiner Väter war ihm gänzlich unbekannt geworden.

§. 10.

Vielleicht, daß ihm die Aegyptier allen Gott, alle Götter ausdrücklich untersagt hatten; es in den Glauben gestürzt hatten, es habe gar keinen Gott, gar keine Götter; Gott, Götter haben, sey nur ein Vorrecht der bessern Aegyptier: und das, um es mit so viel größerm Anscheine von Billigkeit tyrannisiren zu dürfen.—Machen Christen es mit ihren Sklaven noch itzt viel anders?—

§. 11.

Diesem rohen Volke also ließ sich Gott anfangs blos als den Gott seiner Väter ankündigen, um es nur erst mit der Idee eines auch ihm zustehenden Gottes bekannt und vertraut zu machen.

§. 12.

Durch die Wunder, mit welchen er es aus Aegypten führte, und in Kanaan einsetzte, bezeugte er sich ihm gleich darauf als einen Gott, der mächtiger sey, als irgend ein andrer Gott.

§. 13.

Und indem er fortfuhr, sich ihm als den Mächtigsten von allen zu bezeugen—welches doch nur einer seyn kann,—gewöhnte er es allmälig zu dem Begriffe des Einigen.

§. 14.

Aber wie weit war dieser Begriff des Einigen, noch unter dem wahren transcendentalen Begriffe des Einigen, welchen die Vernunft so spät erst aus dem Begriffe des Unendlichen mit Sicherheit schließen lernen!

§. 15.

Zu dem wahren Begriffe des Einigen—wenn sich ihm auch schon die Besserern des Volks mehr oder weniger näherten—konnte sich doch das Volk lange nicht erheben: und dieses war die einzige wahre Ursache, warum es so oft seinen Einigen Gott verließ, und den Einigen, d. i. Mächtigsten, in irgend einem andern Gotte eines andern Volks zu finden glaubte.

§. 16.

Ein Volk aber, das so roh, so ungeschickt zu abgezognen Gedanken war, noch so völlig in seiner Kindheit war, was war es für einer moralischen Erziehung fähig? Keiner andern, als die dem Alter der Kindheit entspricht. Der Erziehung durch unmittelbare sinnliche Strafen und Belohnungen.

§. 17.

Auch hier also treffen Erziehung und Offenbarung zusammen. Noch konnte Gott seinem Volke keine andere Religion, kein anders Gesetz geben, als eines, durch dessen Beobachtung oder Nichtbeobachtung es hier auf Erden glücklich oder unglücklich zu werden hoffte oder fürchtete. Denn weiter als auf dieses Leben gingen noch seine Blicke nicht. Es wußte von keiner Unsterblichkeit der Seele; es sehnte sich nach keinem künftigen Leben. Ihm aber nun schon diese Dinge zu offenbaren, welchen seine Vernunft noch so wenig gewachsen war: was würde es bey Gott anders gewesen seyn, als der Fehler des eiteln Pädagogen, der sein Kind lieber übereilen und mit ihm prahlen, als gründlich unterrichten will.

§. 18.

Allein wozu, wird man fragen, diese Erziehung eines so rohen Volkes, eines Volkes, mit welchem Gott so ganz von vorne anfangen mußte? Ich antworte: um in der Folge der Zeit einzelne Glieder desselben so viel sichrer zu Erziehern aller übrigen Völker brauchen zu können. Er erzog in ihm die künftigen Erzieher des Menschengeschlechts. Das wurden Juden, das konnten nur Juden werden, nur Männer aus einem so erzogenen Volke.

§. 19.

Denn weiter. Als das Kind unter Schlägen und Liebkosungen aufgewachsen und nun zu Jahren des Verstandes gekommen war, stieß es der Vater auf einmal in die Fremde; und hier erkannte es auf einmal das Gute, das es in seines Vaters Hause gehabt und nicht erkannt hatte.

§. 20.

Während daß Gott sein erwähltes Volk durch alle Staffeln einer kindischen Erziehung führte: waren die andern Völker des Erdbodens bey dem Lichte der Vernunft ihren Weg fortgegangen. Die meisten derselben waren weit hinter dem erwählten Volke zurückgeblieben: nur einige waren ihm zuvorgekommen. Und auch das geschieht bey Kindern, die man für sich aufwachsen läßt; viele bleiben ganz roh; einige bilden sich zum Erstaunen selbst.

§. 21.

Wie aber diese glücklichern Einige nichts gegen den Nutzen und die Nothwendigkeit der Erziehung beweisen: so beweisen die wenigen heidnischen Völker, die selbst in der Erkenntniß Gottes vor dem erwählten Volke noch bis itzt einen Vorsprung zu haben schienen, nichts gegen die Offenbarung. Das Kind der Erziehung fängt mit langsamen aber sichern Schritten an; es hohlt manches glücklicher organisirte Kind der Natur spät ein; aber es hohlt es doch ein, und ist alsdann nie wieder von ihm einzuholen.

§. 22.

Auf gleiche Weise. Daß,—die Lehre von der Einheit Gottes bey Seite gesetzt, welche in den Büchern des Alten Testaments sich findet, und sich nicht findet—daß, sage ich, wenigstens die Lehre von der Unsterblichkeit der Seele, und die damit verbundene Lehre von Strafe und Belohnung in einem künftigen Leben, darum völlig fremd sind: beweiset eben so wenig wider den göttlichen Ursprung dieser Bücher. Es kann dem ohngeachtet mit allen darinn enthaltenen Wundern und Prophezeyungen seine gute Richtigkeit haben. Denn laßt uns setzen, jene Lehren würden nicht allein darinn vermißt, jene Lehren wären auch sogar nicht einmal wahr, laßt uns setzen, es wäre wirklich für die Menschen in diesem Leben alles aus: wäre darum das Daseyn Gottes minder erwiesen? stünde es darum Gotte minder frey, würde es darum Gotte minder ziemen, sich der zeitlichen Schicksale irgend eines Volks aus diesem vergänglichen Geschlechte unmittelbar anzunehmen? Die Wunder, die er für die Juden that, die Prophezeyungen, die er durch sie aufzeichnen ließ, waren ja nicht blos für die wenigen sterblichen Juden, zu deren Zeiten sie geschahen und aufgezeichnet wurden: er hatte seine Absichten damit auf das ganze jüdische Volk, auf das ganze Menschengeschlecht, die hier auf Erden vielleicht ewig dauern sollen, wenn schon jeder einzelne Jude, jeder einzelne Mensch auf immer dahin stirbt.

§. 23.

Noch einmal. Der Mangel jener Lehren in den Schriften des Alten Testaments beweiset wider ihre Göttlichkeit nichts. Moses war doch von Gott gesandt, obschon die Sanktion seines Gesetzes sich nur auf dieses Leben erstreckte. Denn warum weiter? Er war ja nur an das Israelitische Volk, an das damalige Israelitische Volk gesandt: und sein Auftrag war den Kenntnissen, den Fähigkeiten, den Neigungen dieses damaligen israelitischen Volks, so wie der Bestimmung des künftigen, vollkommen angemessen. Das ist genug.

§. 24.

So weit hätte Warburton auch nur gehen müssen, und nicht weiter. Aber der gelehrte Mann überspannte den Bogen. Nicht zufrieden, daß der Mangel jener Lehren der göttlichen Sendung Mosis nichts schade: er sollte ihm die göttliche Sendung Mosis sogar beweisen. Und wenn er diesen Beweis noch aus der Schicklichkeit eines solchen Gesetzes für ein solches Volk zu führen gesucht hätte! Aber er nahm seine Zuflucht zu einem von Mose bis auf Christum ununterbrochen fortdaurenden Wunder, nach welchem Gott einen jeden einzeln Juden gerade so glücklich oder unglücklich gemacht habe, als es dessen Gehorsam oder Ungehorsam gegen das Gesetz verdiente. Dieses Wunder habe den Mangel jener Lehren, ohne welche kein Staat bestehen könne, ersetzt; und eine solche Ersetzung eben beweise, was jener Mangel, auf den ersten Anblick, zu verneinen scheine.

§. 25.

Wie gut war es, daß Warburton dieses anhaltende Wunder, in welches er das Wesentliche der Israelitischen Theokratie setzte, durch nichts erhärten, durch nichts wahrscheinlich machen konnte. Denn hätte er das gekonnt; wahrlich—alsdenn erst hätte er die Schwierigkeit unauflöslich gemacht.—Mir wenigstens.—Denn was die Göttlichkeit der Sendung Mosis wieder herstellen sollte, würde an der Sache selbst zweifelhaft gemacht haben, die Gott zwar damals nicht mittheilen, aber doch gewiß auch nicht erschweren wollte.

§. 26.

Ich erkläre mich an dem Gegenbilde der Offenbarung. Ein Elementarbuch für Kinder, darf gar wohl dieses oder jenes wichtige Stück der Wissenschaft oder Kunst, die es vorträgt, mit Stillschweigen übergehen, von dem der Pädagog urtheilte, daß es den Fähigkeiten der Kinder, für die er schrieb, noch nicht angemessen sey. Aber es darf schlechterdings nichts enthalten, was den Kindern den Weg zu den zurückbehaltnen wichtigen Stücken versperre oder verlege. Vielmehr müssen ihnen alle Zugänge zu denselben sorgfältig offen gelassen werden: und sie nur von einem einzigen dieser Zugänge ableiten, oder verursachen, daß sie denselben später betreten, würde allein die Unvollständigkeit des Elementarbuchs zu einem wesentlichen Fehler desselben machen.

§ 27.

Also auch konnten in den Schriften des Alten Testaments, in diesen Elementarbüchern für das rohe und im Denken ungeübte Israelitische Volk, die Lehre von der Unsterblichkeit der Seele und künftigen Vergeltung gar wohl mangeln: aber enthalten durften sie schlechterdings nichts, was das Volk, für das sie geschrieben waren, auf dem Wege zu dieser großen Wahrheit auch nur verspätet hätte. Und was hätte es, wenig zu sagen, mehr dahin verspätet, als wenn jene wunderbare Vergeltung in diesem Leben darinn wäre versprochen, und von dem wäre versprochen worden, der nichts verspricht, was er nicht hält?

§. 28.

Denn wenn schon aus der ungleichen Austheilung der Güter dieses Lebens, bey der auf Tugend und Laster so wenig Rücksicht genommen zu seyn scheinet, eben nicht der strengste Beweis für die Unsterblichkeit der Seele und für ein anders Leben, in welchem jener Knoten sich auflöse, zu führen: so ist doch wohl gewiß, daß der menschliche Verstand ohne jenem Knoten noch lange nicht—und vielleicht auch nie—auf bessere und strengere Beweise gekommen wäre. Denn was sollte ihn antreiben können, diese bessern Beweise zu suchen? Die blosse Neugierde?

§. 29.

Der und jener Israelite mochte freylich wohl die göttlichen Versprechungen und Androhungen, die sich auf den gesammten Staat bezogen, auf jedes einzelne Glied desselben erstrecken, und in dem festen Glauben stehen, daß wer fromm sey auch glücklich seyn müsse, und wer unglücklich sey, oder werde, die Strafe seiner Missethat trage, welche sich sofort wieder in Segen verkehre, sobald er von seiner Missethat ablasse.—Ein solcher scheinet den Hiob geschrieben zu haben; denn der Plan desselben ist ganz in diesem Geiste.—

§. 30.

Aber unmöglich durfte die tägliche Erfahrung diesen Glauben bestärken: oder es war auf immer bey dem Volke, das diese Erfahrung hatte, auf immer um die Erkennung und Aufnahme der ihm noch ungeläufigen Wahrheit geschehen. Denn wenn der Fromme schlechterdings glücklich war, und es zu seinem Glücke doch wohl auch mit gehörte, daß seine Zufriedenheit keine schrecklichen Gedanken des Todes unterbrachen, daß er alt und lebenssatt starb: wie konnte er sich nach einem andern Leben sehnen? wie konnte er über etwas nachdenken, wornach er sich nicht sehnte? Wenn aber der Fromme darüber nicht nachdachte: wer sollte es denn? Der Bösewicht? der die Strafe seiner Missethat fühlte, und wenn er dieses Leben verwünschte, so gern auf jedes andere Leben Verzicht that?

§. 31.

Weit weniger verschlug es, daß der und jener Israelite die Unsterblichkeit der Seele und künftige Vergeltung, weil sich das Gesetz nicht darauf bezog, gerade zu und ausdrücklich leugnete. Das Leugnen eines Einzeln—wäre es auch ein Salomo gewesen,—hielt den Fortgang des gemeinen Verstandes nicht auf, und war an und für sich selbst schon ein Beweis, daß das Volk nun einen großen Schritt der

Wahrheit näher gekommen war. Denn Einzelne leugnen nur, was Mehrere in
Ueberlegung ziehen; und in Ueberlegung ziehen, warum man sich vorher ganz und gar nicht bekümmerte, ist der halbe Weg zur Erkenntniß.

§. 32.

Laßt uns auch bekennen, daß es ein heroischer Gehorsam ist, die Gesetze Gottes beobachten, blos weil es Gottes Gesetze sind, und nicht, weil er die Beobachter derselben hier und dort zu belohnen verheissen hat; sie beobachten, ob man schon an der künftigen Belohnung ganz verzweifelt, und der zeitlichen auch nicht so ganz gewiß ist.

§. 33.

Ein Volk, in diesem heroischen Gehorsame gegen Gott erzogen, sollte es nicht bestimmt, sollte es nicht vor allen andern fähig seyn, ganz besondere göttliche Absichten auszuführen?—Laßt den Soldaten, der seinem Führer blinden Gehorsam leistet, nun auch von der Klugheit seines Führers überzeugt werden, und sagt, was dieser Führer mit ihm auszuführen sich nicht unterstehen darf?—

§. 34.

Noch hatte das jüdische Volk in seinem Jehova mehr den Mächtigsten, als den Weisesten aller Götter verehrt; noch hatte es ihn als einen eifrigen Gott mehr gefürchtet, als geliebt: auch dieses zum Beweise, daß die Begriffe, die es von seinem höchsten einigen Gott hatte, nicht eben die rechten Begriffe waren, die wir von Gott haben müssen. Doch nun war die Zeit da, daß diese seine Begriffe erweitert, veredelt, berichtiget werden sollten, wozu sich Gott eines ganz natürlichen Mittels bediente; eines bessern richtigern Maaßstabes, nach welchem es ihn zu schätzen Gelegenheit bekam.

§. 35.

Anstatt daß es ihn bisher nur gegen die armseligen Götzen der kleinen benachbarten rohen Völkerschaften geschützt hatte, mit welchen es in beständiger Eifersucht lebte: fing es in der Gefangenschaft unter dem weisen Perser an, ihn gegen das Wesen aller Wesen zu messen, wie das eine geübtere Vernunft erkannte und verehrte.

§. 36.

Die Offenbarung hatte seine Vernunft geleitet, und nun erhellte die Vernunft auf einmal seine Offenbarung.

§. 37.

Das war der erste wechselseitige Dienst, den beyde einander leisteten; und dem Urheber beyder ist ein solcher gegenseitiger Einfluß so wenig unanständig, daß ohne ihm eines von beyden überflüssig seyn würde.

§. 38.

Das in die Fremde geschickte Kind sahe andere Kinder, die mehr wußten; die anständiger lebten, und fragte sich beschämt: warum weiß ich das nicht auch? warum lebe ich nicht auch so? Hätte in meines Vaters Hause man mir das nicht auch beibringen; dazu mich nicht auch anhalten sollen? Da sucht es seine Elementarbücher wieder vor, die ihm längst zum Ekel geworden, um die Schuld auf die Elementarbücher zu schieben. Aber siehe! es erkennet, daß die Schuld nicht an den Büchern liege, daß die Schuld ledig sein eigen sey, warum es nicht längst eben das wisse, eben so lebe.

§. 39.

Da die Juden nunmehr, auf Veranlassung der reinern Persischen Lehre, in ihrem Jehova nicht blos den größten aller Nationalgötter, sondern Gott erkannten; da sie ihn als solchen in ihren wieder hervorgesuchten heiligen Schriften um so eher finden und andern zeigen konnten, als er wirklich darinn war; da sie vor allen sinnlichen Vorstellungen desselben einen eben so großen Abscheu bezeugten, oder doch in diesen Schriften zu haben angewiesen wurden, als die Perser nur immer hatten: was Wunder, daß sie vor den Augen des Cyrus mit einem Gottesdienste Gnade fanden, den er zwar noch weit unter dem reinen Sabeismus, aber doch auch weit über die groben Abgöttereyen zu seyn erkannte, die sich dafür des verlaßnen Landes der Juden bemächtiget hatten?

§. 40.

So erleuchtet über ihre eignen unerkannten Schätze kamen sie zurück, und wurden ein ganz andres Volk, dessen erste Sorge es war, diese Erleuchtung unter sich dauerhaft zu machen. Bald war an Abfall und Abgötterey unter ihm nicht mehr zu denken. Denn man kann einem Nationalgott wohl untreu werden, aber nie Gott, so bald man ihn einmal erkannt hat.

§. 41.

Die Gottesgelehrten haben diese gänzliche Veränderung des jüdischen Volks verschiedentlich zu erklären gesucht; und Einer, der die Unzulänglichkeit aller dieser verschiednen Erklärungen sehr wohl gezeigt hat, wollte endlich "die augenscheinliche Erfüllung der über die Babylonische Gefangenschaft und die Wiederherstellung aus derselben ausgesprochnen und aufgeschriebnen Weissagungen," für die wahre Ursache derselben angeben. Aber auch diese Ursache kann nur in so fern die wahre seyn, als sie die nun erst vereitelten Begriffe von Gott voraus setzt. Die Juden mußten nun erst erkannt haben, daß Wunderthun und das Künftige vorhersagen, nur Gott zukomme; welches beydes sie sonst auch den falschen Götzen beygeleget hatten, wodurch eben Wunder und Weissagungen bisher nur einen so schwachen, vergänglichen Eindruck auf sie gemacht hatten.

§. 42.

Ohne Zweifel waren die Juden unter den Chaldäern und Persern auch mit der Lehre von der Unsterblichkeit der Seele bekannter geworden. Vertrauter mit ihr wurden sie in den Schulen der Griechischen Philosophen in Aegypten.

§. 43.

Doch da es mit dieser Lehre, in Ansehung ihrer heiligen Schriften, die Bewandniß nicht hatte, die es mit der Lehre von der Einheit und den Eigenschaften Gottes gehabt hatte; da jene von dem sinnlichen Volke darum war gröblich übersehen worden, diese aber gesucht seyn wollte; da auf diese noch Vorübungen nöthig gewesen waren, und also nur Anspielungen und Fingerzeige Statt gehabt hatten: so konnte der Glaube an die Unsterblichkeit der Seele natürlicher Weise nie der Glaube des gesammten Volks werden. Er war und blieb nur der Glaube einer gewissen Sekte desselben.

§. 44.

Eine Vorübung auf die Lehre von der Unsterblichkeit der Seele, nenne ich z. E. die göttliche Androhung, die Missethat des Vaters an seinen Kindern bis ins dritte und vierte Glied zu strafen. Dieß gewöhnte die Väter in Gedanken mit ihren spätesten Nachkommen zu leben, und das Unglück, welches sie über diese Unschuldige gebracht hatten, voraus zu fühlen.

§. 45.

Eine Anspielung nenne ich, was blos die Neugierde reizen und eine Frage veranlassen sollte. Als die oft vorkommende Redensart, zu seinen Vätern versammlet werden, für sterben.

§. 46.

Einen Fingerzeig nenne ich, was schon irgend einen Keim enthält, aus welchem sich die noch zurückgehaltne Wahrheit entwickeln läßt. Dergleichen war Christi Schluß aus der Benennung Gott Abrahams, Isaacs und Jacobs. Dieser Fingerzeig scheint mir allerdings in einen strengen Beweis ausgebildet werden zu können.

§. 47.

In solchen Vorübungen, Anspielungen, Fingerzeigen besteht die positive Vollkommenheit eines Elementarbuchs; so wie die oben erwähnte

Eigenschaft, daß es den Weg zu den noch zurückgehaltenen Wahrheiten nicht erschwere, oder versperre, die negative Vollkommenheit desselben war.

§. 48.

Setzt hierzu noch die Einkleidung und den Stil—1) die Einkleidung der nicht wohl zu übergehenden abstrakten Wahrheiten in Allegorieen und lehrreiche einzelne Fälle, die als wirklich geschehen erzählet werden. Dergleichen sind die Schöpfung, unter dem Bilde des werdenden Tages; die Quelle des moralischen Bösen, in der Erzählung vom verbotnen Baume; der Ursprung der mancherlei Sprachen, in der Geschichte vom Thurmbaue zu Babel, u. s. w.

§. 49.

2) den Stil—bald plan und einfältig, bald poetisch, durchaus voll Tavtologieen, aber solchen, die den Scharfsinn üben, indem sie bald etwas anders zu sagen scheinen, und doch das nehmliche sagen, bald das nehmliche zu sagen scheinen, und im Grunde etwas anders bedeuten oder bedeuten können:—

§. 50.

Und ihr habt alle gute Eigenschaften eines Elementarbuchs sowol für Kinder, als für ein kindisches Volk.

§. 51.

Aber jedes Elementarbuch ist nur für ein gewisses Alter. Das ihm entwachsene Kind länger, als die Meinung gewesen, dabey zu verweilen, ist schädlich. Denn um dieses auf eine nur einigermaassen nützliche Art thun zu können, muß man mehr hineinlegen, als darum liegt; mehr hineintragen, als es fassen kann. Man muß der Anspielungen und Fingerzeige zu viel suchen und machen, die Allegorieen zu genau ausschütteln, die Beyspiele zu umständlich deuten, die Worte zu stark pressen. Das giebt dem Kinde einen kleinlichen, schiefen, spitzfindigen Verstand; das macht es geheimnißreich, abergläubisch, voll Verachtung gegen alles Faßliche und Leichte.

§. 52.

Die nehmliche Weise, wie die Rabbinen ihre heiligen Bücher behandelten! Der nehmliche Charakter, den sie dem Geiste ihres Volks dadurch ertheilten!

§. 53.

Ein bessrer Pädagog muß kommen, und dem Kinde das erschöpfte Elementarbuch aus den Händen reißen.—Christus kam.

§. 54.

Der Theil des Menschengeschlechts, den Gott in Einen Erziehungsplan hatte fassen wollen—Er hatte aber nur denjenigen in Einen fassen wollen, der durch Sprache, durch Handlung, durch Regierung, durch andere natürliche und politische Verhältnisse in sich bereits verbunden war—war zu dem zweyten großen Schritte der Erziehung reif.

§. 55.

Das ist: dieser Theil des Menschengeschlechts war in der Ausübung seiner Vernunft so weit gekommen, daß er zu seinen moralischen Handlungen edlere, würdigere Bewegungsgründe bedurfte und brauchen konnte, als zeitliche Belohnung und Strafen waren, die ihn bisher geleitet hatten. Das Kind wird Knabe. Leckerey und Spielwerk weicht der aufkeimenden Begierde, eben so frey, eben so geehrt, eben so glücklich zu werden, als es sein älteres Geschwister sieht.

§. 56.

Schon längst waren die Bessern von jenem Theile des Menschengeschlechts gewohnt, sich durch einen Schatten solcher edlern Bewegungsgründe regieren zu lassen. Um nach diesem Leben auch nur in dem Andenken seiner Mitbürger fortzuleben, that der Grieche und Römer alles.

§. 57.

Es war Zeit, daß ein andres wahres nach diesem Leben zu gewärtigendes Leben Einfluß auf seine Handlungen gewönne.

§. 58.

Und so ward Christus der erste zuverlässige, praktische Lehrer der Unsterblichkeit der Seele.

§. 59.

Der erste zuverlässige Lehrer.—Zuverlässig durch die Weissagungen, die in ihm erfüllt schienen; zuverlässig durch die Wunder, die er verrichtete; zuverlässig durch seine eigene Wiederbelebung nach einem Tode, durch den er seine Lehre versiegelt hatte. Ob wir noch itzt diese Wiederbelebung, diese Wunder beweisen können: das lasse ich dahin gestellt seyn. So, wie ich es dahin gestellt seyn lasse, wer die Person dieses Christus gewesen. Alles das kann damals zur Annehmung seiner Lehre wichtig gewesen seyn: itzt ist es zur Erkennung der Wahrheit dieser Lehre so wichtig nicht mehr.

§. 60.

Der erste praktische Lehrer.—Denn ein anders ist die Unsterblichkeit der Seele, als eine philosophische Speculation, vermuthen, wünschen, glauben: ein anders, seine innern und äussern Handlungen darnach einrichten.

§. 61.

Und dieses wenigstens lehrte Christus zuerst. Denn ob es gleich bey manchen Völkern auch schon vor ihm eingeführter Glaube war, daß böse Handlungen noch in jenem Leben bestraft würden: so waren es doch nur solche, die der bürgerlichen Gesellschaft Nachtheil brachten, und daher auch schon in der bürgerlichen Gesellschaft ihre Strafe hatten. Eine innere Reinigkeit des Herzens in Hinsicht auf ein andres Leben zu empfehlen, war ihm allein vorbehalten.

§. 62.

Seine Jünger haben diese Lehre getreulich fortgepflanzt. Und wenn sie auch kein ander Verdienst hätten, als daß sie einer Wahrheit, die Christus nur allein für die Juden bestimmt zu haben schien, einen allgemeinem Umlauf unter mehrern Völkern verschaft hätten: so wären sie schon darum unter die Pfleger und Wohlthäter des Menschengeschlechts zu rechnen.

§. 63.

Daß sie aber diese Eine große Lehre noch mit andern Lehren versetzten, deren Wahrheit weniger einleuchtend, deren Nutzen weniger erheblich war: wie konnte das anders seyn? Laßt uns sie darum nicht schelten, sondern vielmehr mit Ernst untersuchen: ob nicht selbst diese beygemischten Lehren ein neuer Richtungsstoß für die menschliche Vernunft geworden.

§. 64.

Wenigstens ist es schon aus der Erfahrung klar, daß die Neutestamentlichen Schriften, in welchen sich diese Lehren nach einiger Zeit aufbewahret fanden, das zweyte beßre Elementarbuch für das Menschengeschlecht abgegeben haben, und noch abgeben.

§. 65.

Sie haben seit siebzehnhundert Jahren den menschlichen Verstand mehr als alle andere Bücher beschäftiget; mehr als alle andere Bücher erleuchtet, sollte es auch nur das Licht seyn, welches der menschliche Verstand selbst hineintrug.

§. 66.

Unmöglich hätte irgend ein ander Buch unter so verschiednen Völkern so allgemein bekannt werden können: und unstreitig hat das, daß so ganz ungleiche Denkungsarten sich mit diesem nehmlichen Buche beschäftigten, den menschlichen Verstand mehr fortgeholfen, als wenn jedes Volk für sich besonders sein eignes Elementarbuch gehabt hätte.

§. 67.

Auch war es höchst nöthig, daß jedes Volk dieses Buch eine Zeit lang für das Non plus ultra seiner Erkenntnisse halten mußte. Denn dafür muß auch der Knabe sein Elementarbuch vors erste ansehen; damit die Ungeduld, nur fertig zu werden, ihn nicht zu Dingen fortreißt, zu welchen er noch keinen Grund gelegt hat.

§. 68.

Und was noch itzt höchst wichtig ist:—Hüte dich, du fähigeres Individuum, der du an dem letzten Blatte dieses Elementarbuches stampfest und glühest, hüte dich, es deine schwächere Mitschüler merken zu lassen, was du witterst, oder schon zu sehn beginnest.

§. 69.

Bis sie dir nach sind, diese schwächere Mitschüler;—kehre lieber noch einmal selbst in dieses Elementarbuch zurück, und untersuche, ob das, was du nur für Wendungen der Methode, für Lückenbüsser der Didaktik hältst, auch wohl nicht etwas Mehrers ist.

§. 70.

Du hast in der Kindheit des Menschengeschlechts an der Lehre von der Einheit Gottes gesehen, daß Gott auch bloße Vernunftswahrheiten unmittelbar offenbaret; oder verstattet und einleitet, daß bloße Vernunftswahrheiten als unmittelbar geoffenbarte Wahrheiten eine Zeit lang gelehret werden: um sie geschwinder zu verbreiten, und sie fester zu gründen.

§. 71.

Du erfährst, in dem Knabenalter des Menschengeschlechts, an der Lehre von der Unsterblichkeit der Seele, das Nehmliche. Sie wird in dem zweyten bessern Elementarbuche als Offenbarung gepredigеt, nicht als Resultat menschlicher Schlüsse gelehret.

§. 72.

So wie wir zur Lehre von der Einheit Gottes nunmehr des Alten Testaments entbehren können; so wie wir allmälig, zur Lehre von der Unsterblichkeit der Seele, auch des Neuen Testaments entbehren zu können anfangen: könnten in diesem nicht noch mehr dergleichen Wahrheiten vorgespiegelt werden, die wir als Offenbarungen so lange anstaunen sollen, bis sie die Vernunft aus ihren andern ausgemachten Wahrheiten herleiten und mit ihnen verbinden lernen?

§. 73.

Z. E. die Lehre von der Dreyeinigkeit.—Wie, wenn diese Lehre den menschlichen Verstand, nach unendlichen Verirrungen rechts und links, nur endlich auf den Weg bringen sollte, zu erkennen, daß Gott in dem Verstande, in welchem endliche Dinge eins sind, unmöglich eins seyn könne; daß auch seine Einheit eine transcendentale Einheit seyn müsse, welche eine Art von Mehrheit nicht ausschließt?—Muß Gott wenigstens nicht die vollständigste Vorstellung von sich selbst haben? d. i. eine Vorstellung, in der sich alles befindet, was in ihm selbst ist. Würde sich aber alles in ihr finden, was in ihm selbst ist, wenn auch von seiner nothwendigen Wirklichkeit, so wie von seinen übrigen Eigenschaften, sich blos eine Vorstellung, sich blos eine Möglichkeit fände? Diese Möglichkeit erschöpft das Wesen seiner übrigen Eigenschaften: aber auch seiner nothwendigen Wirklichkeit? Mich dünkt nicht.—Folglich kann entweder Gott gar keine vollständige Vorstellung von sich selbst haben: oder diese vollständige Vorstellung ist eben so nothwendig wirklich, als er es selbst ist & c.—Freylich ist das Bild von mir im Spiegel nichts als eine leere Vorstellung von mir, weil es nur das von mir hat, wovon Lichtstrahlen auf seine Fläche fallen. Aber wenn denn nun dieses Bild alles, alles ohne Ausnahme hätte, was ich selbst habe: würde es sodann auch noch eine leere Vorstellung, oder nicht vielmehr eine wahre Verdopplung meines Selbst seyn?—Wenn ich eine ähnliche Verdopplung in Gott zu erkennen glaube: so irre ich mich vielleicht nicht so wohl, als daß die Sprache meinen Begriffen unterliegt; und so viel bleibt doch immer unwidersprechlich, daß diejenigen, welche die Idee davon populär machen wollen, sich schwerlich faßlicher und schicklicher hätten ausdrücken können, als durch die Benennung eines Sohnes, den Gott von Ewigkeit zeugt.

§. 74.

Und die Lehre von der Erbsünde.—Wie, wenn uns endlich alles überführte, daß der Mensch auf der ersten und niedrigsten Stufe seiner Menschheit, schlechterdings so Herr seiner Handlungen nicht sey, daß er moralischen Gesetzen folgen könne?

§. 75.

Und die Lehre von der Genugthuung des Sohnes.—Wie, wenn uns endlich alles nöthigte, anzunehmen: daß Gott, ungeachtet jener ursprünglichen Unvermögenheit des Menschen, ihm dennoch moralische Gesetze lieber geben, und ihm alle Uebertretungen, in Rücksicht auf seinen Sohn, d. i. in Rücksicht auf den selbstständigen Umfang aller seiner Vollkommenheiten, gegen den und in dem jede Unvollkommenheit des Einzeln verschwindet, lieber verzeihen wollen; als daß er sie ihm nicht geben, und ihn von aller moralischen Glückseligkeit ausschliessen wollen, die sich ohne moralische Gesetze nicht denken läßt?

§. 76.

Man wende nicht ein, daß dergleichen Vernünfteleyen über die Geheimnisse der Religion untersagt sind.—Das Wort Geheimniß bedeutete, in den ersten Zeiten des Christenthums, ganz etwas anders, als wir itzt darunter verstehen; und die Ausbildung geoffenbarter Wahrheiten in Vernunftswahrheiten ist schlechterdings nothwendig, wenn dem menschlichen Geschlechte damit geholfen seyn soll. Als sie geoffenbaret wurden, waren sie freylich noch keine Vernunftswahrheiten; aber sie wurden geoffenbaret, um es zu werden. Sie waren gleichsam das Facit, welches der Rechenmeister seinen Schülern voraus sagt, damit sie sich im Rechnen einigermaassen darnach richten können. Wollten sich die Schüler an dem voraus gesagten Facit begnügen: so würden sie nie rechnen lernen, und die Absicht, in welcher der gute Meister ihnen bey ihrer Arbeit einen Leitfaden gab, schlecht erfüllen.

§. 77.

Und warum sollten wir nicht auch durch eine Religion, mit deren historischen Wahrheit, wenn man will, es so mißlich aussieht, gleichwohl auf nähere und bessere Begriffe vom göttlichen Wesen, von unsrer Natur, von unsern Verhältnissen zu Gott, geleitet werden können, auf welche die menschliche Vernunft von selbst nimmermehr gekommen wäre?

§. 78.

Es ist nicht wahr, daß Speculationen über diese Dinge jemals Unheil gestiftet, und der bürgerlichen Gesellschaft nachtheilig geworden.— Nicht den Speculationen: dem Unsinne, der Tyranney, diesen Speculationen zu steuern; Menschen, die ihre eigenen hatten, nicht ihre eigenen zu gönnen, ist dieser Vorwurf zu machen.

§. 79.

Vielmehr sind dergleichen Speculationen—mögen sie im Einzeln doch ausfallen, wie sie wollen—unstreitig die schicklichsten Uebungen des menschlichen Verstandes überhaupt, so lange das menschliche Herz überhaupt, höchstens nur vermögend ist, die Tugend wegen ihrer ewigen glückseligen Folgen zu lieben.

§. 80.

Denn bey dieser Eigennützigkeit des menschlichen Herzens, auch den Verstand nur allein an dem üben wollen, was unsere körperlichen Bedürfnisse betrift, würde ihn mehr stumpfen, als wetzen heissen. Er will schlechterdings an geistigen Gegenständen geübt seyn, wenn er zu seiner völligen Aufklärung gelangen, und diejenige Reinigkeit des Herzens hervorbringen soll, die uns, die Tugend um ihrer selbst willen zu lieben, fähig macht.

§. 81.

Oder soll das menschliche Geschlecht auf diese höchste Stufen der Aufklärung und Reinigkeit nie kommen? Nie?

§. 82.

Nie?—Laß mich diese Lästerung nicht denken, Allgütiger!—Die Erziehung hat ihr Ziel; bey dem Geschlechte nicht weniger als bey dem Einzeln. Was erzogen wird, wird zu Etwas erzogen.

§. 83.

Die schmeichelnden Aussichten, die man dem Jünglinge eröfnet; die Ehre, der Wohlstand, die man ihm vorspiegelt: was sind sie mehr, als Mittel, ihn zum Manne zu erziehen, der auch dann, wenn diese Aussichten der Ehre und des Wohlstandes wegfallen, seine Pflicht zu thun vermögend sey.

§. 84.

Darauf zwecke die menschliche Erziehung ab: und die göttliche reiche dahin nicht? Was der Kunst mit dem Einzeln gelingt, sollte der Natur nicht auch mit dem Ganzen gelingen? Lästerung! Lästerung!

§. 85.

Nein; sie wird kommen, sie wird gewiß kommen, die Zeit der Vollendung, da der Mensch, je überzeugter sein Verstand einer immer bessern Zukunft sich fühlet, von dieser Zukunft gleichwohl Bewegungsgründe zu seinen Handlungen zu erborgen, nicht nöthig haben wird; da er das Gute thun wird, weil es das Gute ist, nicht weil willkührliche Belohnungen darauf gesetzt sind, die seinen flatterhaften Blick ehedem blos heften und stärken sollten, die innern bessern Belohnungen desselben zu erkennen.

§. 86.

Sie wird gewiß kommen, die Zeit eines neuen ewigen Evangeliums, die uns selbst in den Elementarbüchern des Neuen Bundes versprochen wird.

§. 87.

Vielleicht, daß selbst gewisse Schwärmer des dreizehnten und vierzehnten Jahrhunderts einen Strahl dieses neuen ewigen Evangeliums aufgefangen hatten; und nur darum irrten, daß sie den Ausbruch desselben so nahe verkündigten.

§. 88.

Vielleicht war ihr dreyfaches Alter der Welt keine so leere Grille; und gewiß hatten sie keine schlimme Absichten, wenn sie lehrten, daß der Neue Bund eben so wohl antiquiret werden müsse, als es der Alte geworden. Es blieb auch bey ihnen immer die nehmliche Oekonomie des nehmlichen Gottes.

Immer—sie meine Sprache sprechen zu lassen—der nehmliche Plan der allgemeinen Erziehung des Menschengeschlechts.

§. 89.

Nur daß sie ihn übereilten; nur daß sie ihre Zeitgenossen, die noch kaum der Kindheit entwachsen waren, ohne Aufklärung, ohne Vorbereitung, mit Eins zu Männern machen zu können glaubten, die ihres dritten Zeitalters würdig wären.

§. 90.

Und eben das machte sie zu Schwärmern. Der Schwärmer thut oft sehr richtige Blicke in die Zukunft: aber er kann diese Zukunft nur nicht erwarten. Er wünscht diese Zukunft beschleuniget; und wünscht, daß sie durch ihn beschleuniget werde. Wozu sich die Natur Jahrtausende Zeit nimmt, soll in dem Augenblicke seines Daseyns reifen. Denn was hat er davon, wenn das, was er für das Bessere erkennt, nicht noch bey seinen Lebzeiten das Bessere wird? Kömmt er wieder? Glaubt er wieder zu kommen?—Sonderbar, daß diese Schwärmerey allein unter den Schwärmern nicht mehr Mode werden will!

§.91.

Geh deinen unmerklichen Schritt, ewige Vorsehung! Nur laß mich dieser Unmerklichkeit wegen an dir nicht verzweifeln.—Laß mich an dir nicht verzweifeln, wenn selbst deine Schritte mir scheinen sollten, zurück zu gehen!—Es ist nicht wahr, daß die kürzeste Linie immer die gerade ist.

§. 92.

Du hast auf deinem ewigen Wege so viel mitzunehmen! so viel Seitenschritte zu thun!—Und wie? wenn es nun gar so gut als ausgemacht wäre, daß das große langsame Rad, welches das Geschlecht seiner Vollkommenheit näher bringt, nur durch kleinere schnellere Räder in Bewegung gesetzt würde, deren jedes sein Einzelnes eben dahin liefert?

§. 93.

Nicht anders! Eben die Bahn, auf welcher das Geschlecht zu seiner Vollkommenheit gelangt, muß jeder einzelne Mensch (der früher, der später) erst durchlaufen haben.—"In einem und eben demselben Leben durchlaufen haben? Kann er in eben demselben Leben ein sinnlicher Jude und ein geistiger Christ gewesen seyn? Kann er in eben demselben Leben beyde überhohlet haben?"

§. 94.

Das wohl nun nicht!—Aber warum könnte jeder einzelne Mensch auch nicht mehr als einmal auf dieser Welt vorhanden gewesen seyn?

§. 95.

Ist diese Hypothese darum so lächerlich, weil sie die älteste ist? weil der menschliche Verstand, ehe ihn die Sophisterey der Schule zerstreut und geschwächt hatte, sogleich darauf verfiel?

§. 96.

Warum könnte auch Ich nicht hier bereits einmal alle die Schritte zu meiner Vervollkommung gethan haben, welche blos zeitliche Strafen und Belohnungen den Menschen bringen können?

§. 97.

Und warum nicht ein andermal alle die, welche zu thun, uns die Aussichten in ewige Belohnungen, so mächtig helfen?

§. 98.

Warum sollte ich nicht so oft wiederkommen, als ich neue Kenntnisse, neue Fertigkeiten zu erlangen geschickt bin? Bringe ich auf Einmal so viel weg, daß es der Mühe wieder zu kommen etwa nicht lohnet?

§. 99.

Darum nicht?—Oder, weil ich es vergesse, daß ich schon da gewesen? Wohl mir, daß ich das vergesse. Die Erinnerung meiner vorigen Zustände, würde mir nur einen schlechten Gebrauch des gegenwärtigen zu machen erlauben. Und was ich auf itzt vergessen muß, habe ich denn das auf ewig vergessen?

§. 100.

Oder, weil so zu viel Zeit für mich verloren gehen würde?—Verloren? — Und was habe ich denn zu versäumen? Ist nicht die ganze Ewigkeit mein?

9 789356 709294

Printed at Repro India Ltd.